ATAQUES
DE TIBURONES

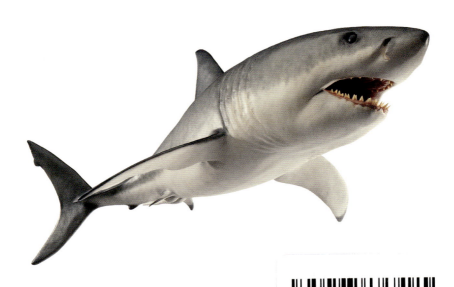

ESTA EDICIÓN

Producido para DK por WonderLab Group LLC
Jennifer Emmett, Erica Green, Kate Hale, *fundadoras*

Edición Grace Hill Smith, Libby Romero, Michaela Weglinski; **Edición de fotografía** Kelley Miller, Annette Kiesow, Nicole DiMella; **Dirección editorial** Rachel Houghton; **Diseño** Project Design Company; **Investigación** Michelle Harris; **Revisión de textos en inglés** Lori Merritt; **Creación de índices en inglés** Connie Binder; **Traducción** Isabel C. Mendoza; **Corrección de pruebas** Carmen Orozco; **Lectura de sensibilidad** Ebonye Gussine Wilkins; **Especialista en lectura de la colección** Dra. Jennifer Albro; **Especialista en currículo** Elaine Larson

Primera edición estadounidense, 2023
Publicado en Estados Unidos por DK Publishing, una división de Penguin Random House LLC
1745 Broadway, 20th Floor, New York, NY 10019

Copyright © 2025 Dorling Kindersley Limited
© Traducción en español 2024 Dorling Kindersley Limited
25 26 27 10 9 8 7 6 5 4 3 2 1
001-345927-August/2025

Título original: *Shark Attack*
Primera edición: 2023

Todos los derechos reservados.
Sin limitación a los derechos bajo la propiedad intelectual expresada arriba, ninguna parte de esta publicación puede ser reproducida, guardada o incluida en ningún sistema de recuperación de información, ni transmitida en ninguna forma ni por ningún medio (electrónico, mecánico, mediante fotocopia, grabación o cualquier otro) sin el permiso previo, por escrito, del titular de los derechos de autor.
Publicado en Gran Bretaña por Dorling Kindersley Limited

Un registro de catálogo de este libro está disponible en la Biblioteca del Congreso.
HC ISBN: 978-0-5939-6667-9
PB ISBN: 978-0-5939-6666-2

Los libros de DK están disponibles con descuentos especiales para compras al por mayor para promociones especiales, regalos, recaudación de fondos o usos educativos. Para más información contacte a:
DK Publishing Special Markets, 1745 Broadway, 20th Floor, New York, NY 10019
SpecialSales@dk.com

Impreso en China

La editorial quisiera agradecer a las siguientes personas e instituciones
por el permiso para reproducir sus imágenes:
a=arriba; c=centro; b=abajo; i=izquierda; d=derecha; s=superior; f=fondo

123RF.com: bwf211 28si; **Alamy Stock Photo:** Abaca Press / Serge Leplege 38b, Steve Morgan 40si, Nature Picture Library / Jeff Rotman 28b, Stephen Frink Collection 14si; **Ardea London:** Kev Deacon 13s, 15, P. Morris 7, D. Parer & E. Parer-Cook 21ci, Ron & Valerie Taylor 13b, 14, 20, 21bc, 25s, 29s, 29b, 38s, 40sd, Adrian Warren 21sd; **Depositphotos Inc.:** igorkovalcuk 3, 31cib, richcarey 35c, Ruslan 26cia, tanyapuntti 6ci; **Dorling Kindersley:** Colin Keates / Natural History Museum, London 42si; **Dreamstime.com:** Heike Falkenberg / Dslrpix 18si, Hollyharryoz 34si, Isselee 35cb, Izanbar 16bd, Michele Jackson 24bc, Karenr 25si, Shane Myers 4-5, Photon75 28fsi, Solarseven 45sd, Nikolai Sorokin 7sd, Thomaspajot 39sd, Aleksandar Todorovic 24cdb, Michael Valos 12; **Getty Images:** Image Source / Rodrigo Friscione 26-27b, The Image Bank / Reinhard Dirscherl 21cd, Universal Images Group / Education Images 41, **naturepl.com:** Andy Murch 36bc; **The Ronald Grant Archive: Jaws:** The Revenge, 1987 © MCA / Universal Pictures 17sd; **Science Photo Library:** BSIP LECA 42sd; **Shutterstock.com:** Papa Annur 39cib, AntiD 24si, Arnunthorn R 37ci, Michael Bogner 16cd, Rich Carey 37b, Fotokon 43, frantisekhojdysz 36cb, Shane Gross 17cib, Simone Hogan 26si, Matt9122 22si, Francesco Pacienza 43b, Sytilin Pavel 27sd, Martin Prochazkacz 19sd, 35sd, wildestanimal 30bd

Imágenes de portada: *Frente:* **Dorling Kindersley:** Gary Hanna sd, Arran Lewis (Morula 3D) b;
Contraportada: **Dorling Kindersley:** Dave King / Jeremy Hunt (modelmaker)

www.dk.com

Este libro se ha impreso con papel certificado por el Forest Stewardship Council™ como parte del compromiso de DK por un futuro sostenible.
Para más información, visita
www.dk.com/uk/information/sustainability

Nivel 4

ATAQUES DE TIBURONES

Cathy East Dubowski

CONTENIDO

6	¡Un tiburón ataca!
16	La verdad sobre los ataques de tiburones
24	Los tiburones y la seguridad
30	Los tiburones, de cerca

38 Ataques contra los tiburones
46 Glosario
47 Índice
48 Prueba

A surfear
Australia es un continente que tiene más de 16 000 millas (25 750 km) de costa.

La Gran Barrera de Coral
Es el arrecife de coral más grande del mundo y se encuentra a lo largo de la costa nororiental de Australia. Es el hogar de unas 1500 especies de peces, incluyendo tiburones.

¡UN TIBURÓN ATACA!

A Rodney Fox se le estaba acabando el tiempo. Tenía que encontrar un gran pez, ¡y pronto! El joven australiano competía en un campeonato anual de pesca con arpón. Para ganar, tenía que encontrar y arponear un pez grande de la localidad.

Al igual que los otros competidores, Rodney llevaba una larga cuerda atada a su cinturón de buzo para amarrar al pez que cazara.

Rodney y otros buzos llevaban horas buceando. Habían atrapado muchos peces, y el agua olía a sangre.

Rodney apuntó con su arpón a otro pez, y entonces: ¡CRASH! Algo lo golpeó con fuerza, por un lado. ¡Rodney sintió como si lo hubiera atropellado un tren expreso!

Superolfateadores
Los tiburones tienen un excelente sentido del olfato. Pueden detectar el olor de un pez herido y a veces pueden oler sangre hasta a una milla (0.4 km) de distancia.

En movimiento
Los tiburones giran la cabeza de un lado a otro para detectar olores en el agua. Este movimiento les permite percibir olores con un amplio alcance mientras van nadando.

Ojos de tiburón
Para proteger sus ojos cuando lo atacan, el gran tiburón blanco puede voltearlos completamente hacia el interior de la cabeza. Algunos tiburones tienen una membrana especial que les cubre el globo ocular, como una persiana.

¡Era un gran tiburón blanco! La fuerza del impacto le tumbó a Rodney la máscara de la cara y el arpón de la mano. Su hombro izquierdo desapareció dentro de la garganta de la criatura. Luego, el tiburón le clavó los dientes por el pecho y la espalda.

Rodney luchó para liberarse. Golpeó al tiburón con los puños. Pero el tiburón lo sostenía con fuerza y lo sacudía de lado a lado.

Entonces, Rodney recordó cuál era el punto más débil del cuerpo de un tiburón: los ojos. Con todas sus fuerzas, le propinó un puño en todo el ojo al tiburón con la mano derecha. Increíblemente, el animal lo soltó.

Rodney subió a la superficie y tomó una bocanada de aire. ¡Lo había logrado! Pero entonces miró hacia abajo. El tiburón se dirigía hacia él a toda velocidad, ¡con sus enormes mandíbulas, llenas de dientes afilados, abiertas de par en par!

¡ÑAC! El tiburón volvió a cerrar sus mandíbulas con fuerza. Pero esta vez, se tragó al pez que Rodney llevaba amarrado al cinturón de buzo. De repente, Rodney sintió que lo jalaban hacia el fondo del agua: ¡seguía atado a la cuerda!

El tiburón comenzó a arrastrarlo hacia las profundidades. Rodney forcejeó para quitarse el cinturón, pero la hebilla se le había deslizado hacia la espalda. No podía alcanzarla.

Se le estaba acabando el tiempo. Aunque el tiburón no se lo comiera, Rodney podría ahogarse.

Un tamaño considerable
Un gran tiburón blanco puede alcanzar 20 pies (6 m) de longitud, y pesar hasta unas 2.5 toneladas (2.3 t).

De repente, la cuerda se rompió. ¡Rodney quedó libre! Subió a la superficie con dificultad y lanzó gritos de auxilio. Por suerte, unos amigos que navegaban en un bote cerca de allí lo habían visto en peligro, y lo sacaron del agua con rapidez.

Rodney quedó herido de gravedad. Por el enorme tajo que le hizo el tiburón cuando le clavó los dientes, se le veían las costillas, los pulmones y la parte superior del estómago. La mordida le rompió las costillas y le perforó un pulmón.

Bajo ataque
Al gran tiburón blanco se le atribuyen más ataques a seres humanos que a cualquier otra especie de tiburón.

Un gran tiburón blanco

Lo llevaron a toda prisa al hospital más cercano. Cuatro horas de cirugía y 462 puntos le salvaron la vida. Pero llevaría por siempre la cicatriz de la mordida del tiburón.

El ataque que sufrió Rodney se volvió una gran noticia. El público, temiendo más ataques, exigió acción para eliminar a los tiburones de las playas de la localidad. Pero Rodney pensaba diferente.

Dientes mortíferos
Un gran tiburón blanco tiene varias hileras de dientes triangulares puntiagudos y afilados. ¡Puede llegar a tener hasta 300 dientes!

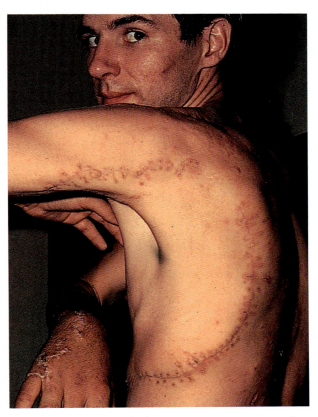

Rodney Fox es una de las pocas personas que ha sobrevivido la mordida de un gran tiburón blanco.

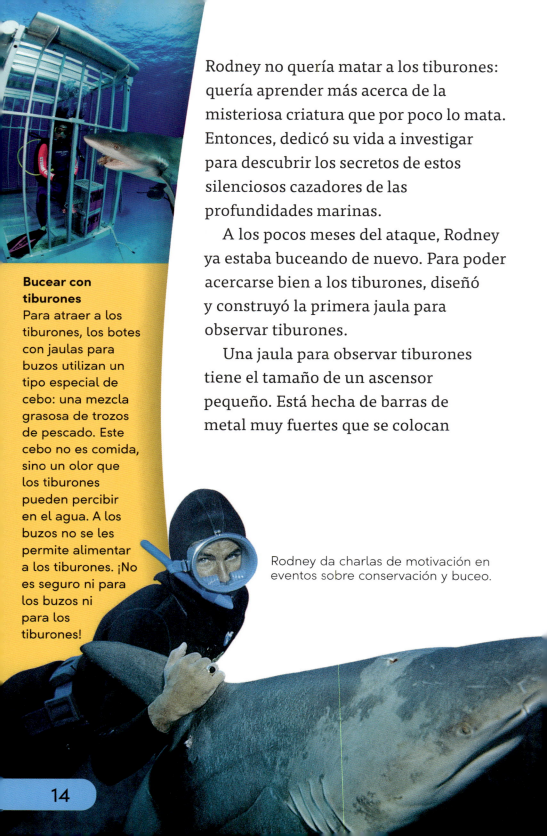

Bucear con tiburones
Para atraer a los tiburones, los botes con jaulas para buzos utilizan un tipo especial de cebo: una mezcla grasosa de trozos de pescado. Este cebo no es comida, sino un olor que los tiburones pueden percibir en el agua. A los buzos no se les permite alimentar a los tiburones. ¡No es seguro ni para los buzos ni para los tiburones!

Rodney no quería matar a los tiburones: quería aprender más acerca de la misteriosa criatura que por poco lo mata. Entonces, dedicó su vida a investigar para descubrir los secretos de estos silenciosos cazadores de las profundidades marinas.

A los pocos meses del ataque, Rodney ya estaba buceando de nuevo. Para poder acercarse bien a los tiburones, diseñó y construyó la primera jaula para observar tiburones.

Una jaula para observar tiburones tiene el tamaño de un ascensor pequeño. Está hecha de barras de metal muy fuertes que se colocan

Rodney da charlas de motivación en eventos sobre conservación y buceo.

lo suficientemente cerca como para que un tiburón no pueda morder a los buzos que están dentro y, al mismo tiempo, para darles a estos una buena vista del tiburón. Sobre la jaula van unos dispositivos de flotación que evitan que se hunda.

    Estas jaulas se usan mucho en la actualidad. Gracias a ellas, los buzos y los científicos pueden estudiar y fotografiar a los tiburones bien de cerca, ¡pero no tanto como lo estuvo aquella vez Rodney!

Un pez feroz

El tiburón toro es uno de los pocos que pueden vivir tanto en agua dulce como en agua salada. Se encuentra en todos los océanos de la Tierra. Circula en aguas tibias y poco profundas, cerca de las costas, que es donde le gusta nadar a la gente. También puede alejarse del océano, y llegar a ríos, pequeñas vías navegables y hasta lagos.

LA VERDAD SOBRE LOS ATAQUES DE TIBURONES

Si te aterrorizan los tiburones, no estás solo. Los ataques de tiburones producen titulares espantosos, y películas como *Tiburón (Jaws)* propagan el temor de que los tiburones son asesinos sanguinarios. De hecho, la sola idea de un tiburón es suficiente para asustar a mucha gente.

El tiburón tigre es lo suficientemente grande y poderoso como para atacar a la mayoría de las criaturas marinas.

El gran tiburón blanco es el más temido de todos los tiburones.

Pero la verdad es que los ataques de tiburones ocurren muy rara vez. La probabilidad de ser atropellado por un auto o impactado por un rayo es mucho más alta que la de ser atacado por un tiburón.

Hay más de 500 especies, o tipos, de tiburones. Solamente se ha sabido de unas 30 de ellas que hayan atacado a un ser humano. Pero hay tres especies consideradas peligrosas: el gran tiburón blanco, el tiburón toro y el tiburón tigre.

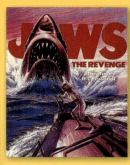

Miedo infundado
Películas e historias populares han ayudado a propagar un miedo infundado hacia los tiburones.

El tiburón toro recibe su nombre por su fiereza y por su tendencia a darle cabezazos a su presa antes de atacar.

Un riesgo bajo
Los impactos de rayos y las picaduras de abejas son mucho más mortales para los humanos que los tiburones.

Un amplio alcance
El gran tiburón blanco se encuentra en la mayoría de los océanos de la Tierra, excepto en las aguas heladas cercanas a los polos Norte y Sur.

Que estés o no en peligro de ser atacado por un tiburón depende de dónde vivas. Los tiburones se encuentran en casi todas partes, pero parece que prefieren las aguas cálidas. La mayoría de los ataques suceden en Australia, Brasil y Sudáfrica; y en los estados de California, Florida y Hawái, en EE. UU. Por lo general ocurren cerca de playas concurridas, donde la gente va a nadar, navegar o surfear.

Este símbolo muestra la ubicación de ataques mortales de tiburones desde que se comenzaron a registrar.

En todo el mundo, los tiburones atacan a menos de 100 personas en promedio cada año. Los métodos modernos de transporte y los avances médicos mantienen muy bajo el riesgo de muerte.

Incluso cuando sucede, los tiburones normalmente no tienen la intención de atacar a la gente. Con frecuencia, ignoran a la gente que está en el agua. Entonces, ¿qué es lo que los lleva a atacar a un humano?

Espacio para más
Cuando a un tiburón se le cae un diente, le sale otro de reemplazo. Al gran tiburón blanco le pueden salir hasta 20 000 dientes a lo largo de su vida.

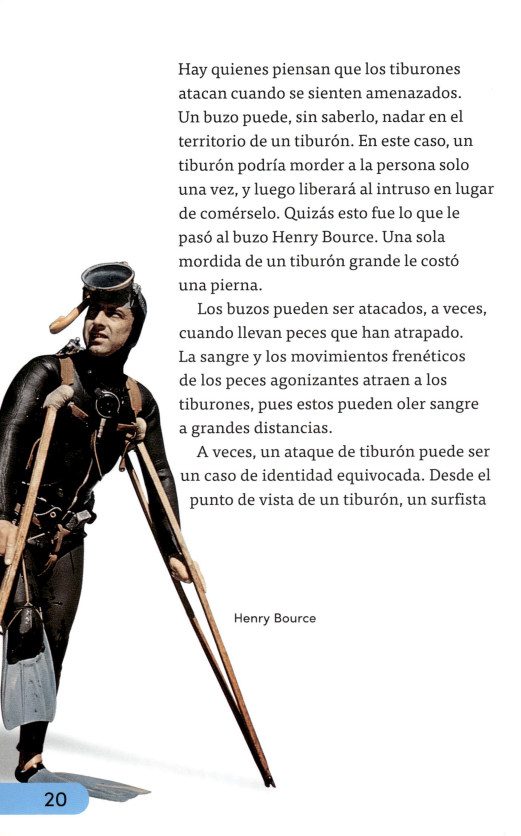

Hay quienes piensan que los tiburones atacan cuando se sienten amenazados. Un buzo puede, sin saberlo, nadar en el territorio de un tiburón. En este caso, un tiburón podría morder a la persona solo una vez, y luego liberará al intruso en lugar de comérselo. Quizás esto fue lo que le pasó al buzo Henry Bource. Una sola mordida de un tiburón grande le costó una pierna.

Los buzos pueden ser atacados, a veces, cuando llevan peces que han atrapado. La sangre y los movimientos frenéticos de los peces agonizantes atraen a los tiburones, pues estos pueden oler sangre a grandes distancias.

A veces, un ataque de tiburón puede ser un caso de identidad equivocada. Desde el punto de vista de un tiburón, un surfista

Henry Bource

sobre una tabla puede lucir como su comida favorita: una foca. Una vez que el tiburón saborea la tabla, escupe el trozo y se aleja. Muchos surfistas han sobrevivido para contar el cuento, ¡y tienen una tabla mordisqueada para demostrar que es cierto!

Un mordisco de tiburón
Un tiburón tigre de 13 pies (4 m) mordió la tabla de este surfista en Hawái, EE. UU.

Es así como un tiburón ve una foca y a un surfista desde abajo.

Una degustación
Los tiburones tienen, debajo de los dientes, nervios sensibles a la presión. A veces, prueban un bocado para averiguar qué es lo que se han encontrado, por si es algo delicioso.

Una boca sensible
La boca de un tiburón está cubierta de diminutas papilas gustativas.

Un ataque puede suceder porque el tiburón tiene hambre. Los expertos creen que fue un tiburón hambriento el que atacó a Raymond Short mientras este nadaba en una playa australiana muy concurrida.

Raymond nadaba cerca de la costa cuando lo mordió un tiburón. De inmediato, seis salvavidas corrieron a socorrerlo. Pero cuando comenzaron a llevarlo hacia la orilla, ¡se dieron cuenta de que el tiburón seguía prendido a la pierna de Raymond!

Tuvieron que jalar a Raymond hasta la playa para que el tiburón lo soltara.

El tiburón tenía una herida grande sobre el estómago. Había sido herido gravemente. Los científicos creen que, como el tiburón no había podido cazar su comida habitual, tenía tanta hambre que decidió correr un riesgo inusual.

Criaturas curiosas
Se sabe de tiburones que han golpeado botes con el hocico. Es probable que hayan estado tratando de aprender cosas acerca de la embarcación.

Seguridad contra tiburones
Pequeñas barreras electrificadas se pueden amarrar al tobillo de una persona o a una tabla de surfear. Funcionan igual que las barreras grandes que se ponen en las playas.

El poder de los chiles
Los antiguos aztecas colgaban de sus canoas chiles picantes para tratar de mantener a los tiburones alejados.

LOS TIBURONES Y LA SEGURIDAD

A medida que se explora el mundo de los tiburones, la gente ha ensayado diferentes maneras de protegerse de sus ataques.

Un método de protección para los nadadores es construir en el agua una cerca, o red para tiburones. Estas redes se usan en las costas de muchas playas populares de Australia y Sudáfrica.

También se usan barreras electrificadas, pues los tiburones no nadan donde hay fuertes corrientes eléctricas. Estas barreras no les causan daño, solo hacen que se alejen.

En las costas de playas populares se instalan redes para tiburones.

Las redes impiden que los tiburones pasen a una determinada área.

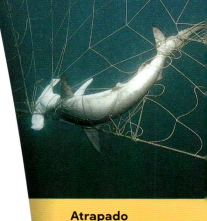

Si visitas una zona de tiburones:
- No nades si tienes una herida que esté sangrando. Los tiburones pueden oler la sangre a más de una milla (1.6 km) de distancia.
- No nades al anochecer, pues es cuando hay mayor probabilidad de que los tiburones busquen alimento.
- No orines en el mar. El olor puede atraer a los tiburones.
- Nunca nades solo.
- Si se avista un tiburón, sal del agua.

Atrapado

Un gran problema de las redes para tiburones es que en ellas pueden quedar atrapados todo tipo de tiburones y otros animales como delfines, ballenas y tortugas marinas. A veces, estas criaturas se mueren porque no pueden liberarse solas.

De moda

Los expertos dicen que una manera de reducir las probabilidades de llamar la atención de un tiburón es evitar los trajes de baño de colores vivos. Los tiburones ven bien el contraste entre colores, de manera que un traje de baño de un rojo intenso podría atraerlos.

Las joyas también deben dejarse en casa. En el agua, pueden reflejar la luz muy parecido a como lo hacen las escamas de los peces, que son la presa de la mayoría de los tiburones.

Muchas personas han tratado de inventar un repelente químico de tiburones. Durante la Segunda Guerra Mundial, la Marina de EE. UU. desarrolló un repelente a partir de químicos y colorantes llamado *Shark Chaser* (perseguidor de tiburones). Soltaba una tinta negra que ocultaba a los pilotos que pudieran caer al agua. Se supone que también repelía tiburones, pero no servía para eso porque se disolvía demasiado rápido.

Los buzos que estudian y filman la vida submarina suelen toparse frente a frente con tiburones. Valerie y Ron Taylor, dos cineastas australianos, desarrollaron un método para nadar con los tiburones de manera segura.

En una excursión de buceo, los Taylor notaron que un miembro de la tripulación se ponía unos guantes de malla de acero inoxidable para protegerse las manos cuando limpiaba los peces.

Entonces se les ocurrió una idea: ¿Qué tal si se confeccionaba un traje de buzo usando malla metálica para proteger a los buzos de los tiburones? Como las cotas de malla que llevaban los caballeros.

Hicieron un traje usando unos 400 000 diminutos anillos de acero inoxidable. Pero para saber si funcionaba, alguien tenía que usarlo en el agua. ¡Alguien tenía que hacerse morder por los tiburones!

Una armadura
Las cotas de malla eran un tipo de armadura que usaban los caballeros en la Edad Media, entre los siglos V y XVI. Estaban hechas de una tela tipo malla, eran flexibles y los protegían de los pinchazos de las espadas y las flechas.

Tipos de dientes
Diferentes tiburones tienen diferentes tipos de dientes. Algunos los tienen afilados y curvos, para atrapar presas en movimiento. Otros los tienen planos, para aplastar animales de caparazón duro, como las almejas.

Los Taylor realizaron una prueba frente a la costa de California, EE. UU. Arrojaron al mar trozos de pescado crudo para atraer a los tiburones. Valerie se puso el traje de cota de malla encima de su traje normal de buzo, y se sumergió en el agua en medio de los trozos de pescado crudo.

Muy pronto, varios tiburones llegaron como rayos. Valerie agitó un pez sangrante para provocarlos. ¡De repente, un tiburón mordió el brazo de Valerie!

Un traje de cota de malla protege a este buzo del ataque de un tiburón.

Ella se asustó, pero no salió lesionada. El tiburón la mordió varias veces, por todo el cuerpo. Fue aterrador, pero los dientes del tiburón no pudieron atravesar la malla. ¡El traje funcionaba!

Sin embargo, hubo momentos de ansiedad. Un tiburón arrancó uno de los guantes de Valerie y le mordió el pulgar. Por suerte, Valerie logró escapar.

El traje necesitaba pequeñas mejoras. Pero gracias a la valentía de Valerie, ¡se había inventado el primer traje funcional contra tiburones!

Proteger la piel
Los pequeños anillos de un traje de cota de malla impiden que los dientes de los tiburones alcancen la piel. De todos modos, el buzo puede salir moreteado.

Valerie con su traje de cota de malla

LOS TIBURONES, DE CERCA

Los tiburones han deambulado por los océanos de la Tierra durante casi 400 millones de años, ¡y son mucho más viejos que los primeros dinosaurios! Sin embargo, no han cambiado mucho.

El más grande de aquellos tiburones prehistóricos se llama megalodón. La mandíbula de este aterrador depredador medía más de 6 pies (1.8 m) de ancho. La criatura pesaba unas 10 000 libras (4535 kg) y podía alcanzar un tamaño descomunal de hasta 54 pies (16 m). Eso es casi tres veces el tamaño del gran tiburón blanco de hoy.

Fósiles aterradores
Algunos tiburones primitivos dejaron marcas fosilizadas al caer al fondo del mar y ser cubiertos de arena. También se han encontrado fósiles de sus partes duras, como los dientes.

Un gran tiburón blanco

Después de la desaparición de los dinosaurios, los tiburones reinaron en los océanos de la Tierra. Se convirtieron en los principales depredadores, comiendo ballenas, delfines y calamares gigantes. Este menú de enormes animales marinos ayudó a que los tiburones alcanzaran esos tamaños tan descomunales.

Megadientes
El diente de un megalodón tenía más o menos la longitud de un plátano.

Mandíbula de un gran tiburón blanco

Mandíbula de un megalodón

Mediciones
El diente de un tiburón extinto puede ayudar a los científicos a estimar el tamaño del animal.

Tiempos dentales
Los dientes de un tiburón deben tener unos 10 000 años para ser considerados fósiles.

El tiburón ha evolucionado a la perfección para sobrevivir y cazar debajo del agua. Su esqueleto es increíblemente flexible: está formado de cartílago, ¡el mismo material del que están hechas nuestra nariz y nuestras orejas!

Un tiburón tiene los mismos cinco sentidos que tenemos los humanos: vista, oído, olfato, gusto y tacto. Pero su habilidad para cazar presas en aguas turbias se debe a otros dos sentidos poco comunes.

Piel de tiburón
La piel de un tiburón está cubierta de unas escamas diminutas similares a los dientes llamadas dentículos. Antes de que se inventara el papel de lija, ¡la piel del tiburón se usaba para pulir la madera!

La aleta dorsal le sirve para mantener el equilibrio y controlar la dirección.

Las aletas pectorales funcionan como frenos.

La aleta caudal le sirve para no voltearse hacia un lado.

Las branquias toman el oxígeno del agua.

Una "línea lateral" recorre ambos lados del cuerpo del tiburón. Es una línea de receptores sensoriales que están debajo de la piel y le sirven al animal para detectar pequeñas vibraciones en el agua.

El tiburón tiene en la cabeza unos diminutos poros llamados ampollas de Lorenzini. Con ellas puede detectar las débiles cargas eléctricas que emiten todos los seres vivos.

Los tiburones pueden ver a una distancia de hasta 50 pies (15 m).

Los tiburones pueden oír a una distancia de hasta 1000 pies (305 m).

Las ampollas de Lorenzini

Según la especie
Los huevos de tiburón vienen en todas las formas y tamaños. ¡El suño cornudo pone huevos con forma de espiral!

Independientes
Al momento de nacer, los cachorros ya saben nadar y buscar comida.

Los tiburones son animales solitarios: viven, nadan y cazan solos. Los científicos saben muy poco sobre su ciclo de vida. Se sabe, sin embargo, que tardan en reproducirse. A algunos tiburones les toma once años estar listos para aparearse. Y los que dan a luz, normalmente tienen pocas crías. Por eso, se esmeran mucho en el cuidado de sus huevos.

Algunos depositan los huevos dentro de unas cápsulas resistentes que los mantienen protegidos. Otros dan a luz crías vivas. Los cachorros nacen muy grandes, lo cual les ayuda a sobrevivir.

Cápsulas de huevos

¡Bienvenido, bebé!
A un tiburón recién nacido se le llama cachorro.

Cachorros de tiburón

34

Los tiburones comen de todo, pero algo que todos comen es carne. Algunos comen peces y otros animales pequeños, como langostas y medusas. ¡También se han encontrado latas y bolsas de plástico en el estómago de los tiburones!

Algunos tiburones grandes cazan animales de mayor tamaño, como focas, pingüinos y hasta otros tiburones.

El tiburón peregrino

Medusa

Focas

Gigantes mansos
El tiburón peregrino tiene una boca grandísima, pero sus dientes son diminutos.

Estos enormes tiburones tienen en la boca unas cerdas parecidas a las de un peine que le sirven para filtrar la comida. Nadan con la boca bien abierta para atrapar plancton, que son plantas y animales diminutos.

El tiburón ángel

Un ataque sigiloso
El tiburón ángel y el tiburón alfombra tienen el cuerpo plano, lo cual les permite esconderse en el suelo del océano. Se entierran en la arena y esperan a que pase algún pez u otra presa.

¿Crees que sabes cómo luce un tiburón? ¡No estés tan seguro! Cuando la mayoría de la gente piensa en un tiburón, se imagina la forma clásica del gran tiburón blanco. Pero los tiburones vienen en todos los tamaños y formas, algunas de ellas extremadamente raras.

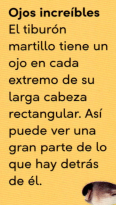

Ojos increíbles
El tiburón martillo tiene un ojo en cada extremo de su larga cabeza rectangular. Así puede ver una gran parte de lo que hay detrás de él.

El tiburón martillo

El tiburón linterna

El más grande es el tiburón ballena. Puede alcanzar los 40 pies (12.2 m) de longitud y pesar hasta 13 toneladas (13.2 t), lo cual lo posiciona como el pez más grande del mundo. El más pequeño es el tiburón linterna. ¡Escasamente llega a las 8 pulgadas (20 cm) de longitud! Recibe ese nombre porque sus ojos brillan en la oscuridad.

El suño cornudo

Una presa colorida
El suño cornudo come erizos de mar rojos que le manchan los dientes de un color marrón rojizo.

El tiburón alfombra

El tiburón ballena

ATAQUES CONTRA LOS TIBURONES

Durante siglos, la gente les ha temido a los tiburones. Pero hoy, los tiburones tienen muchas más razones para temerle a la gente. La sobrepesca tiene a muchas especies bajo amenaza de extinción.

Se ha cazado a los tiburones durante muchos años. Su carne y sus dientes se usaron para hacer armas, alimentos y hasta joyas. Sin embargo, la cantidad de tiburones que se cazaban no representaba ninguna amenaza para su población.

Hoy, los métodos modernos de pesca ayudan a cazar tiburones en enormes cantidades: hasta 100 millones al año. Como resultado, la población de algunas especies se ha reducido hasta en un 80 por ciento durante los últimos diez años.

Dije de diente de tiburón

Tiburón capturado

Con frecuencia, los tiburones mueren por accidente cuando quedan atrapados en redes de pesca. Los pescadores se quedan con los peces que quieren y regresan a los indeseados tiburones al agua, muertos.

A una buena parte de los tiburones los matan por deporte. La gente que busca y mata tiburones puede parecer muy valiente, pero en realidad nunca está en peligro. Las mandíbulas de los tiburones se convierten en llamativos trofeos que los turistas adquieren por mucho dinero.

Este cazador de tiburones cuelga en su bote las mandíbulas de sus víctimas.

Pesca con palangre
En un método de pesca llamado pesca con palangre se utilizan miles de anzuelos con cebo para atrapar a los peces. Cuando los tiburones muerden el cebo también quedan atrapados.

Captura accidental
Las capturas accesorias son peces y otros animales que quedan atrapados accidentalmente en las redes de pesca comercial y son arrojados de nuevo al mar. Con frecuencia están heridos o muertos.

Los tiburones también están en peligro porque en muchas partes del mundo se come su carne. En Asia, la sopa de aleta de tiburón es un manjar costoso. Los pescadores pueden ganar mucho dinero vendiendo aletas de tiburón, que algunos obtienen con una práctica llamada "aleteo de tiburones": los atrapan, les cortan las aletas y los arrojan de nuevo al mar.

En algunos países se hacen píldoras con cartílago de tiburón. Se cree que estas píldoras curan casi cualquier cosa, desde enfermedades cardiacas hasta cáncer. Casi todas estas afirmaciones son falsas.

Aleteo de tiburones
Los tiburones no pueden nadar sin sus aletas. Cuando se las cortan, se hunden hasta el fondo y no logran sobrevivir.

Ganancias letales
El aleteo de tiburones es ilegal en muchos países, pero el deseo de encontrar aletas de tiburón en el menú no ha permitido que esta práctica desaparezca por completo.

Para hacer sopa de aleta de tiburón se usan las aletas de cualquier tipo de tiburón.

La piel de tiburón se tiñe y se usa para fabricar costosos cinturones y billeteras.

Uno de los productos más valiosos obtenidos de los tiburones es su hígado. El aceite que se saca del hígado de tiburón se usa en muchos productos, desde comida para mascotas y fertilizantes hasta pintalabios y bloqueadores solares, a pesar de que en su lugar se podrían usar aceites vegetales naturales.

Mira la etiqueta
La carne de tiburón se vende con otros nombres, como cazón, tollo, bolillo, milanesa sin espinas y majarro.

En la superficie
La textura similar al papel de lija de la piel del tiburón sirve para que las algas no se le peguen. Los científicos han creado un recubrimiento que imita la piel del tiburón. Se puede usar en hospitales para evitar que los gérmenes se peguen a ciertas superficies.

Equilibrio
Los tiburones son importantes porque mantienen su ecosistema (las plantas y los animales que viven en el océano) saludable y en equilibrio.

Unos médicos usan piel artificial cultivada a partir de cartílago de tiburón.

Si no controlamos la matanza masiva de los tiburones, estos podrían extinguirse. ¿Pero por qué es esto importante?

Los científicos han descubierto muchas cosas fascinantes sobre los tiburones, y tenemos mucho que aprender de estas criaturas tan antiguas. Los tiburones podrían hasta salvarnos la vida.

Por ejemplo, unos investigadores han descubierto que el escualeno, un químico que se produce en el hígado y el estómago de los tiburones mielga desacelera el crecimiento de tumores en los humanos.

Y el cartílago de tiburón se usa para hacer piel artificial para los pacientes quemados.

Los tiburones también tienen un sistema inmune muy desarrollado, lo que significa que no se enferman con frecuencia. Sus cortaduras y heridas sanan muy rápidamente. Y es muy raro que les dé cáncer, como a otros animales, incluso cuando los científicos les inyectan células cancerosas en pruebas de laboratorio.

¿Por qué? Los científicos todavía no lo saben. Pero el estudio de los tiburones puede ayudar a los médicos a curar a personas enfermas.

En sus marcas, listos, fuera
La piel del tiburón también lo ayuda a moverse en el agua con agilidad. Unos científicos han diseñado trajes de baño que imitan la piel de los tiburones y que son usados por nadadores olímpicos.

Una presa lastimó a este gran tiburón blanco mientras trataba de liberarse. Pero las heridas sanarán muy pronto.

Seguro en el mar
Un santuario marino es una gran área del océano que está protegida. Palaos, un país insular situado en el océano Pacífico, creó el primer santuario de tiburones en el 2009. La pesca no está permitida.

Entre más sabemos sobre los tiburones, más aprenderemos a admirarlos y respetarlos. Es obvio que la mayoría de la gente no quisiera encontrarse frente a frente con un tiburón en el mar, ¡como le pasó a Rodney Fox! Pero podemos verlos en los acuarios y en documentales fascinantes realizados por cineastas submarinos. Hasta podemos hacer viajes para ver tiburones en el mar.

¡Los acuarios son lugares seguros para ver tiburones!

Los tiburones son criaturas fascinantes, inteligentes y esbeltas. Solo unos pocos tipos de tiburones son peligrosos. En realidad, es muy raro que ataquen a la gente. Su reputación como asesinos sanguinarios no es acertada ni justa.

Los tiburones han vivido en nuestro planeta mucho más tiempo que nosotros. Sería una tragedia que los hiciéramos desaparecer de nuestros mares para siempre.

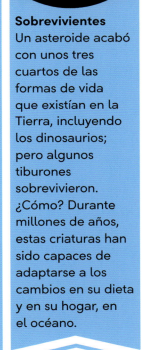

Sobrevivientes
Un asteroide acabó con unos tres cuartos de las formas de vida que existían en la Tierra, incluyendo los dinosaurios; pero algunos tiburones sobrevivieron. ¿Cómo? Durante millones de años, estas criaturas han sido capaces de adaptarse a los cambios en su dieta y en su hogar, en el océano.

GLOSARIO

acuario
Tanque grande donde se ponen animales marinos vivos para que la gente pueda verlos sin riesgos

ampollas de Lorenzini
Poros diminutos localizados en la cabeza del tiburón con los que puede detectar débiles señales eléctricas en el agua

cartílago
Material resistente y flexible del que está formado el esqueleto del tiburón. La nariz y las orejas de los humanos también están hechas de cartílago.

dentículos
Escamas diminutas similares a unos dientes que cubren la piel del tiburón

escualeno
Sustancia química costosa que se encuentra en el hígado de algunos tiburones. Los seres humanos lo usan para tratamientos médicos variados.

extinción
Cuando un animal o una planta en particular desaparece para siempre de la Tierra

fósiles
Restos de plantas y animales que vivieron hace millones de años. Por lo general, se encuentran en las rocas.

jaula para observar tiburones
Pequeña jaula de metal que protege a los buzos

línea lateral
Línea de puntos que recorre ambos lados del cuerpo del tiburón y le sirven para detectar vibraciones en el agua

megalodón
El tiburón más grande que ha habitado los océanos. Desapareció hace más de diez millones de años.

pesca con arpón
Tipo de pesca submarina que se hace con un arpón o fusil de pesca submarina

plancton
Animales y plantas diminutos que viven en el mar

red para tiburones
Red que se cuelga debajo del agua en las costas cercanas a una playa para evitar que los tiburones se acerquen a los nadadores

***Shark Chaser* (perseguidor de tiburones)**
Mezcla de químicos y colorantes moldeada como un pastel. Se creó con la intención de proteger a la gente de los tiburones.

traje de cota de malla
Traje de buzo hecho de miles de anillos de acero inoxidable entrelazados. Protege a los buzos de las mordidas de tiburón.

ÍNDICE

aceite de hígado 41
acuarios 44
aletas 32, 40
alimento para tiburones 21, 31, 35, 37
amenazas para los tiburones 38–41
ampollas de Lorenzini 33
Australia 6, 18, 22, 24
aztecas 24
barreras electrificadas en playas 24
Bource, Henry 20
buzos
    ataques de tiburones 8–12, 20
    buceo en jaula 14–15
    pesca con arpón 6–7
    traje de cota de malla 27–29
cacería de tiburones 38, 39
cachorros 34
California 18, 28
capturas accesorias 39
carne de tiburón 40, 41
cartílago 32, 40, 42, 43
cebo para tiburones 14
cinturón de buzo 6, 11
crías de tiburón 34
dientes
    ataques de tiburones 10, 12
    degustación 21
    del gran tiburón blanco 13, 19, 31
    del megalodón 31
    del suño cornudo 37
    fosilizados 30, 31
    número de 13, 19
    reemplazo de los 19
    tipos de 28
    traje de cota de malla 29
    usados por los humanos 38
escualeno 42

especies de tiburones 17
esqueleto 32
extinción 31, 38, 42
Florida 18
focas 21, 35
formas de los tiburones 36–37
fósiles 30–31
Fox, Rodney 6–15
Gran Barrera de Coral, Australia 6
gran tiburón blanco
    alcance 18
    ataques 8–12
    buceo en jaula 14–15
    dientes 13, 19
    forma 36
    heridas 43
    mandíbulas 31
    peligros 16–17
    tamaño 11, 30
hambre 22–23
Hawái 18, 21
hocico 23
huevos y cápsulas de huevos 34
identidad equivocada 20–21
jaula para observar tiburones 14–15
línea lateral 33
longitud 11, 30–31, 37
mandíbulas 10, 11, 30–31, 39
mapa 18–19
matanza de tiburones 38–39, 42
megalodón 30–31
oído, sentido del 33
ojos 8, 33, 36–37
olfato, sentido del 7, 20, 25
Palaos 44
pesca con arpón 6–7
pesca con palangre 39
peso 11, 30, 37

piel 32, 41, 42, 43
piel artificial 42–43
plancton 35
población, reducción de la 38
por qué atacan los tiburones 20–23
red para tiburones 24–25
repelente químico de tiburones 26
sangre, olor de la 6–7, 20, 25
santuario marino 44
seguridad 24–29
sentidos poco comunes 32–33
Shark Chaser (perseguidor de tiburones) 26
Short, Raymond 22–23
sistema inmune 43
sopa de aleta de tiburón 40
Sudáfrica 18, 24
suño cornudo 34, 37
surfear, tabla de 21, 24
Taylor, Ron 26–28
Taylor, Valerie 26–29
territorio 20
tiburón alfombra 36–37
tiburón ángel 36
tiburón ballena 37
tiburón linterna 36–37
tiburón martillo 36
tiburón mielga 42
tiburón peregrino 35
tiburón tigre 16–17, 21
tiburón toro 16–17
tiburones primitivos 30–31
tiburones, ataques de
    a Rodney Fox 8–12
    datos sobre 16–23
    número de 12, 19
    prevención de 25
traje de cota de malla 27–29
vista, sentido de la 26, 33, 36

47

PRUEBA

Responde las preguntas para saber cuánto aprendiste. Verifica tus respuestas en la parte de abajo.

1. Rodney Fox recordó que el punto más débil del cuerpo de un tiburón era ¿cuál?
2. ¿Cuáles son los tres tipos de tiburón que son considerados los más peligrosos?
3. Verdadero o falso: Con frecuencia, los tiburones ignoran a la gente que está en el agua.
4. ¿Qué inventaron Valerie y Ron Taylor?
5. Verdadero o falso: Los tiburones son más viejos que los dinosaurios.
6. ¿De qué está hecho el esqueleto de un tiburón?
7. ¿Cuál es el tiburón más grande del mundo? ¿Y el más pequeño?
8. ¿Qué actividad humana es la causa de que algunos tiburones estén bajo amenaza de extinción?

1. Sus ojos 2. El gran tiburón blanco, el tiburón toro y el tiburón tigre
3. Verdadero 4. Un traje para acercarse a los tiburones 5. Verdadero
6. Cartílago 7. El tiburón ballena / el tiburón linterna 8. La sobrepesca